Inhalt

Nichtraucherschutz - das gesetzliche Rauchverbot in öffentlichen Räumen nur noch eine Frage der Zeit?

Kernthesen

Beitrag

Fallbeispiele

Weiterführende Literatur

Impressum

GENIOS WirtschaftsWissen Nr. 07/2006 vom 20.07.2006

Nichtraucherschutz - das gesetzliche Rauchverbot in öffentlichen Räumen nur noch eine Frage der Zeit?

I.Lukmann

Kernthesen

- Der Nichtraucherschutz wird im Rahmen einer EU-weiten Richtlinie nun auch in Deutschland gesetzlich umgesetzt werden. (2), (4), (5), (6), (14), (17)
- Ein Gruppenantrag des Bundestages soll die Bundesregierung dazu auffordern, einen

Gesetzesentwurf zum bundesweiten Nichtraucherschutz vorzulegen. (1), (5), (6)
- Eine hierzu passende gesetzliche Regelung könnte bereits zum 1. Januar 2007 in Kraft treten. (1), (4)

Beitrag

Das Nichtrauchergesetz beinhaltet Regelungen und Bestimmungen um Menschen, die nicht den Gefahren des Rauchens in passiver Form ausgesetzt sein möchten (Passivrauchen), vor diesen Gefahren zu schützen. Die gesetzlichen Regelungen betreffen vor allem Werbeverbote für die Tabakindustrie sowie Rauchverbote am Arbeitsplatz, welche im Rahmen einer novellierten Arbeitsstättenverordnung bereits umgesetzt worden ist.

Der deutsche Bundestag wird sich im Anschluss an seine Sommerpause mit einem fraktionsübergreifenden Gruppenantrag zur Verbesserung des Nichtraucherschutzes in öffentlichen Einrichtungen befassen. Hierzu zählen vor allem Krankenhäuser und Pflegeeinrichtungen, Flughäfen und Bahnhöfe sowie Gaststätten. Die Tabakreklame soll demnach in folgenden Medien verboten sein: Zeitungen, Zeitschriften, Internet- und Rundfunkangeboten. In Zukunft wird die

Tabakwerbung nur noch in Kinos, auf lokalen Events und Plakaten zulässig sein. (1), (3), (4), (5), (6), (9), (11), (16)

Hintergrund: Europarecht

Deutschland hat 2003 eine Klage gegen die EU-Richtlinie für ein generelles Tabakwerbeverbot vor dem Europäischen Gerichtshof in Brüssel eingelegt. Diese Klage ist inzwischen abgewiesen worden. Die Bundesregierung möchte nun mit der Umsetzung der EU-Richtlinie bald möglichst beginnen, um möglichen Sanktionen von Seiten der EU aus dem Wege zu gehen.

Die EU hat der Bundesregierung vorgeworfen, die entsprechenden Richtlinien zum Schutz von Nichtrauchern nicht in den dafür gesetzten Fristen umgesetzt zu haben. Der EU-Gesundheitskommissar Markos Kyprianou fordert nun die Bundesrepublik entschieden dazu auf, das europäische Werbe- und Sponsorenverbot für Tabak auf nationaler Ebene rechtlich umzusetzen. (2), (4), (5), (6), (14), (17)

Nichtraucherschutz in Europa

Der Nichtraucherschutz wird inzwischen europaweit konsequent vorangetrieben. Rauchverbote sind bereits in 24 EU-Staaten umgesetzt worden. Die erfolgreiche Umsetzung des Nichtraucherschutzes gilt nun auch in Italien und Irland. Das Rauchverbot in Gaststätten wird ebenfalls in den meisten europäischen Ländern bereits umgesetzt. Zu den Ausnahmen gehören unter anderem Deutschland, Luxemburg, die Niederlande und Österreich. (2), (11), (15)

Bundeseinheitliche Lösung?

Die Umsetzung des EU-Rechts gestaltet sich indes schwierig. Die Zuständigkeit für die Umsetzung des Rauchverbots ist Ländersache. Der Nichtraucherschutz für Schulen und Behörden sowie der Gesundheitsschutz ist bereits seit langem Ländersache. Die Föderalismusreform verschiebt nun die Kompetenzen für Gaststättengesetze auf die Länderebene. (1) (2), (3), (4)

Bisherige Gesetzeslage

Zu Beginn der 60-er Jahre hat es bereits eine

Einschränkung der Tabakwerbung gegeben. Diese Einschränkung bezog sich vor allem auf die Werbung in Kinos, Zeitschriften und Werbemaßnahmen in Schulnähe.

Ein Gruppenantrag zum Nichtraucherschutz am Arbeitsplatz, öffentlichen Gebäuden und Verkehrsmitteln von 1998, bei dem sich 130 Abgeordnete der Parteien CDU, SPD, FDP, Grünen und PDS zusammengetan hatten, wurde im Bundestag mehrheitlich abgewiesen. Die Begründung hierfür war, dass der Staat die Bürger nicht zunehmend in den eigenen Lebensgewohnheiten kontrollieren dürfe.

Seit Oktober 2002 gilt im Rahmen der Arbeitsstättenverordnung der Schutz von Nichtrauchern am Arbeitsplatz gemäß Paragraf 3a. Inhalt des Paragrafen ist im Wesentlichen, dass der Schutz von Arbeitnehmern vor den Gefahren des Passivrauchens durch den Arbeitgeber zu sichern ist. 2004 erhielt der Nichtraucherschutz im Rahmen der Arbeitsstättenverordnung einen eigenen Paragrafen; zusätzlich zu den genannten Vorgaben hat nun jeder Arbeitnehmer einen rechtlichen Anspruch auf einen rauchfreien Arbeitsplatz (Paragraf 5, Absatz 1). Paragraf 5 Absatz 2 weißt laut Experten hierzu jedoch eine weite Interpretationsmöglichkeit auf: Arbeitgeber haben demnach die Möglichkeit, die

Schutzmaßnahmen für Nichtraucher auszusetzen, wenn durch deren Umsetzung, an Arbeitsstätten mit Publikumsverkehr, die Geschäftsart des Betriebes gestört werden würde. (1), (15)

Selbstverpflichtung des Gaststättenverbandes

Sowohl für die Tabakindustrie als auch für die Gastronomiebranche gilt derzeit eine freiwillige Vereinbarung mit der Bundesregierung. Danach soll bis zum Frühjahr 2008 in 90 Prozent aller etwa 100.000 Kneipen und Restaurants in Deutschland der Nichtraucherschutz vorangetrieben werden. Mindestens die Hälfte der dortigen Sitzflächen sollen Nichtraucherplätze werden.

Die Bundesregierung hat in Zusammenarbeit mit dem Deutschen Hotel- und Gaststättenverband (DEHOGA) einen entsprechenden Stufenplan entwickelt. Der erste Meilenstein, der Verband erlangt bis März 2006 etwa 30 Prozent der geforderten Nichtraucherplätze, ist bereits mit 31,5 Prozent erreicht worden. (2), (4), (7), (11), (12), (15)

Fallbeispiele

Smoke Free Systems hat zum Schutz von Nichtrauchern am Arbeitsplatz ein neuartiges Produkt entwickelt: die so genannten Raucherkabinen, die über eine ausgeklügelte Filtertechnik verfügen. Diese Kabinen können im Unternehmen zentral positioniert werden. Auf diese Weise können Nichtraucher und Raucher gleichermaßen zufrieden gestellt werden. (8)

Im Rahmen des diesjährigen Welt-Nichtrauchertags am 31. Mai hat die Weltgesundheitsorganisation (WHO) das Motto Tabak: Tödlich in jeder Form ausgerufen. Damit möchte die WHO aufzeigen, dass, neben den herkömmlichen Produkten der Tabakindustrie, auch zigarettenähnliche Ware auf dem Markt als gefährlich anzusehen ist. Hierzu gehören beispielsweise die so genannten Bidis. (10), (11)

Weiterführende Literatur

(1) Bundestagsinitiative für Rauchverbot im Herbst aus Frankfurter Allgemeine Zeitung, 20.06.2006, Nr. 140, S. 1

(2) Regierung macht den Rauchern Dampf //

Kanzlerin unterstützt Seehofers Vorstoß zum Nichtraucherschutz - allerdings ist der vor allem Ländersache
aus Der Tagesspiegel Nr. 19225 VOM 20.06.2006 SEITE 004

(3) O.V., Merkel für Nichtraucherschutz - Kanzlerin: Der Bund kann allerdings kein öffentliches Verbot erlassen, Allgemeine Zeitung, 20.06.2006
aus Der Tagesspiegel Nr. 19225 VOM 20.06.2006 SEITE 004

(4) Merkel ist "aufgeschlossen" gegenüber Nichtraucherschutz
aus WirtschaftsWoche online vom 2006-06-19

(5) Deutschland verbietet Tabakreklame Entscheidung löst Debatte zu Nichtraucherschutz aus
aus Financial Times Deutschland vom 14.06.2006, Seite 1

(6) Tabakwerbung vor dem Ende // Kaum Chancen für deutsche Klage gegen EU-Tabakwerberichtlinie / Verleger warnen vor Umsatzeinbußen / Seehofer plant Gesetz
aus Der Tagesspiegel Nr. 19219 VOM 14.06.2006 SEITE 018

(7) Union lässt Anti-Raucher-Gesetz offen - zunächst freiwillige Lösung Initiative aus der SPD wird zum jetzigen Zeitpunkt abgelehnt

aus MAINPOST Ausgabe vom 12.06.2006

(8) Nichtraucherschutz am Arbeitsplatz
aus Darmstädter Echo, 02.06.2006

(9) Kampf dem Blauen Dunst/Nichtraucherschutz gefragt
aus Südkurier vom 01.06.2006

(10) Bald rauchfreie Kneipen? ärztekammer-Chef Jörg Hoppe fordert rigorosen Nichtraucherschutz
aus Aachener Nachrichten vom 31.05.2006

(11) Eichhorn: Nichtraucherschutz in Deutschland: Es ist Zeit zum Handeln
aus news aktuell, 2006-05-29

(12) Zigaretten am Automaten erst ab 16
aus Frankfurter Allgemeine Zeitung, 12.05.2006, Nr. 110, S. 7

(13) Verqualmte Statistik Laut Fachverband tun Deutschlands Gastwirte genug für den NICHTRAUCHERSCHUTZ. Experten bezweifeln die Aussagekraft der Belege
aus STERN Nr. 20

(14) O.V., Nichtraucherschutz, EU wirft Berlin Versäumnisse vor, LVZ/Leipziger-Volkszeitung, 13.04.2006, S. 2
aus STERN Nr. 20

(15) Das Prinzip der Freiwilligkeit Die Bundesrepublik

ist ein Land ohne Nichtraucherschutz. Die Weltgesundheitsorganisation wirft der Tabakindustrie vor, durch ausgeklügelte Lobbyarbeit harte Gesetze zu verhindern Das Prinzip der Freiwilligkeit Warum die Tabakindustrie in Deutschland so einflußreich und in anderen Ländern eher geächtet ist
aus DIE WELT, 11.04.2006, Nr. 86, S. 12

(16) "Tabaklobby verhindert den Nichtraucherschutz" Studie von WHO und Krebsforschern vorgelegt
aus Aachener Zeitung vom 25.03.2006

(17) O.V., Studie im Auftrag der WHO, Tabaklobby spielt Einfluss bei Nichtraucherschutz aus, HANDELSBLATT online, 24.03.2006
aus Aachener Zeitung vom 25.03.2006

Impressum

Nichtraucherschutz - das gesetzliche Rauchverbot in öffentlichen Räumen nur noch eine Frage der Zeit?

Bibliografische Information der deutschen Nationalbibliothek

Die Deutsche Nationalbibliothek verzeichnet diese Publikation in der deutschen Nationalbibliografie; detaillierte bibliografische Daten sind im Internet über http://dnb.d-nb.de abrufbar.

ISBN: 978-3-7379-1742-1

© 2015 GBI-Genios Deutsche Wirtschaftsdatenbank GmbH, Freischützstraße 96, 81927 München, www.genios.de

Alle Rechte vorbehalten. Dieses Werk ist einschließlich aller seiner Teile – z.B. Texte, Tabellen und Grafiken - urheberrechtlich geschützt. Jede Verwertung außerhalb der Grenzen des Urheberrechtsgesetzes bedarf der vorherigen Zustimmung des Verlags. Dies gilt insbesondere auch für auszugsweise Nachdrucke, fotomechanische Vervielfältigungen (Fotokopie/Mikroskopie), Übersetzungen, Auswertungen durch Datenbanken oder ähnliche Einrichtungen und die Einspeicherung und Verarbeitung in elektronischen Systemen.